BROX

OMAS LIEBLING

18 wärmende Brox-Rezepte für kraftvolle Suppen

WOHL-
FÜHLKÜCHE
MIT KNOCHEN-
BRÜHE

EMF

EIN BUCH DER
EDITION MICHAEL FISCHER

Impressum

Bibliografische Information der Deutschen Bibliothek.

Die Deutsche Bibliothek verzeichnet diese Publikation in der Deutschen Nationalbibliografie.

Detaillierte bibliografische Daten sind im Internet über http://www.dnb.de/ abrufbar.

EIN BUCH DER EDITION MICHAEL FISCHER

1. Auflage 2019

Covergestaltung, Layout und Satz: Jin-Woo Bae

Redaktion und Lektorat: Annika Christof

Rezeptfotos: Klaus-Maria Einwanger, Rosenheim; alle weiteren: Chris Abatzis für Bone Brox GmbH

ISBN 978-3-96093-818-7

Gedruckt bei Polygraf Print, Čapajevova 44, 08001 Prešov, Slowakei

www.emf-verlag.de

FSC www.fsc.org
MIX
Papier aus verantwortungsvollen Quellen
FSC® C145070

Inhalt

VORWORT

In aller Munde

Viele Ärzte empfehlen sie, so manches Model kann nicht genug von ihr haben und Top-Athleten regenerieren angeblich schneller mit ihr: Knochenbrühe. „Bone Broth" ist sprichwörtlich in aller Munde und das nicht nur, weil sie gut schmeckt. Aber was ist dran an dem „Wunder-Elixir" aus Omas Zeit? Und warum stehen New Yorker Schlange, um einen Becher heiß dampfender Knochenbrühe im To-Go-Becher als Kaffee-Ersatz zu ergattern? Sind es die Kollagene, die beim stundenlangen Kochen aus den Knochen in die Brühe übergehen?

Alte Tradition

Fakt ist: Großmütter verordneten früher bei aufziehender Grippe Hühnerbrühe und Bettruhe. Unsere Vorfahren wussten einfach instinktiv, dass eine gute Brühe müde Lebensgeister wieder munter macht. Nicht umsonst heißt es in einem uralten, indianischen Sprichwort: „Eine gute Brühe lässt die Toten auferstehen."

Brox Brühen

Wir kochen Knochen von Bio-Weiderindern bzw. Bio-Freilandhühnern mit Gemüse und Kräutern in Bio-Qualität ganze 18 Stunden lang in Wasser zu einer köstlichen Brühe aus. Durch die lange Kochzeit werden wertvolle Mineralstoffe und Kollagene aus den Knochen gelöst. Das Ergebnis ist eine nährstoffreiche und wohltuende Knochenbrühe wie von Oma.
Brox wärmt Körper und Seele, macht satt und versorgt dich mit reichlich Eiweiß und Mineralstoffen. Einfach genial, nicht nur wenn du Diät halten willst.

Schlanker Snack

Im Gegensatz zu Brötchen oder zuckrigem Joghurt punktet Brühe mit weniger Kohlenhydraten. Zusätzlich kann sie Heißhunger vertreiben und füllt den Magen – mit viel Flüssigkeit aber wenigen Kalorien. Und aktuelle Studien zeigen: Wer sich regelmäßig ein Becherchen davon als Vorspeise gönnt, isst meist auch beim anschließenden Hauptgang weniger. Ein Traum für alle, die auf ihr Gewicht achten.

Auch „Brühefasten" ist eine tolle Option. Das muss gar nicht streng sein, oft reicht es schon, ab und an eine Mahlzeit – am besten abends – durch eine Brühe zu ersetzen.

(Unseren Kollagen Kur-Guide kannst du kostenlos auf unserer Website herunterladen.)

Kennst du schon...

...unseren Talg von Bio-Weiderindern mit wertvollen Omega-3-Fettsäuren? Der Brox Talg ist das perfekte Fett zum Kochen, Braten, Backen und Frittieren in deiner Küche.

Bevor es losgeht...

Unsere Brühen auf Fleisch- und Gemüsebasis bekommst du auf www.bonebrox.com. Auf unserer Website findest du auch weitere Infos rund um Brühen und Kollagen, sowie noch mehr tolle Rezeptideen. Du kannst Brox-Brühen einfach so pur erwärmt trinken – wann immer du willst. Steht dir der Sinn nach Abwechslung oder mehr Aroma? Dann pimpst du die Basisbrühen ganz nach deiner persönlichen Vorliebe mit ein paar Brox-Gewürzen und Zutaten auf. Und wenn es einmal etwas mehr als ein Becher leichte Brühe sein soll, gibt es bei den Rezepten in diesem Buch jeweils noch Tipps für „ein Dazu". Damit wird aus Brühe ganz fix eine leckere Suppe mit Einlage. Zur besseren Orientierung zeigen dir Icons, welche Basisbrühen im jeweiligen Rezept verwendet werden:

- Rinderknochenbrühe
- Hühnerknochenbrühe
- Gemüsebrühe

THE DOUBLE BURNER

Die Ergänzung zur normalen Gemüsebrühe, denn was zweimal kocht, schmeckt doppelt gut: Mit aromatisch angeröstetem Gemüse ist diese Gemüsebrühe wirklich der Oberknaller!

Für ca. 1 l Brühe

1 dicke Stange Lauch
3 dicke Möhren
350 g Fenchel
6 Stangen Staudensellerie
150 g Wurzelpetersilie
1 große Zwiebel
3 Knoblauchzehen
½ Bund Thymian
3 EL Olivenöl
Salz, Pfeffer
2 EL Tomatenmark
125 ml Weißwein (nach Wunsch)
1,2 l Brox-Gemüsebrühe
½ Bund Petersilie
1–2 EL Aceto balsamico

Zubereitung

Den Backofen auf 180 °C (Umluft) vorheizen. Das Gemüse waschen, putzen, eventuell schälen und klein schneiden – Bio-Gemüse kann sauber geputzt mit Schale verwendet werden; auch übrig gebliebene Gemüsereste oder -abschnitte sind im Topf herzlich willkommen. Zwiebel und Knoblauch schälen und in Spalten bzw. Scheiben schneiden. Thymian waschen, die Hälfte hacken und mit Zwiebeln, Knoblauch, Gemüse und Öl auf einem (tiefen) Blech mischen, salzen und pfeffern.

Im heißen Ofen 30 Minuten garen, dabei ab und zu umrühren. Tomatenmark unterrühren und mit zugeschaltetem Grill 15 Minuten rösten, bis alles schön dunkel bräunt. Mit Wein ablöschen, den Wein im Ofen verdampfen lassen. Das Blech aus dem Ofen nehmen und etwas Brühe zugießen, um den Bratensatz zu lösen.

Das Gemüse samt der Brühe mit der übrigen Brühe und dem übrigen Thymian in einen Topf geben und 1 Stunde bei kleiner Hitze zugedeckt garen, dabei in den letzten 15 Minuten Petersilie zugeben. Die Brühe mit Balsamico, Salz und Pfeffer abschmecken und durch ein Sieb abgießen. Heiß genießen; wer will, streut etwas Kräuter darauf.

Resteküche

Gemüsebrühe ist ideale Resteverwertung: Gemüseabschnitte, Schalen von Bio-Gemüse können alle mit in die Suppe – vorausgesetzt, sie sind noch frisch und vitaminknackig.

LA DOLCE VITA SOUP

Echt cool: Als gut gekühlter Shot im Glas erfrischt diese Brühe nicht nur im Sommer ideal. Wer will, serviert sie bei der nächsten Sommerparty mit etwas Mozzarellaschaum in Espressotässchen.

Für 1 Teller Brühe

- 400 g vollreife Tomaten
- 1 Knoblauchzehe
- 1 Stange Staudensellerie
- 1 EL Olivenöl
- 1 Zweig Thymian
- 3–4 EL Weißwein (nach Belieben)
- 300 ml Brox-Rinderknochen- oder Brox-Gemüsebrühe
- Salz, Pfeffer
- Zucker

Zubereitung

Tomaten waschen und klein schneiden, dabei den Saft auffangen. Knoblauch schälen und fein würfeln. Sellerie waschen, putzen und klein würfeln. Olivenöl in einem Topf erhitzen, darin Knoblauch und Sellerie andünsten. Die Tomaten samt Saft, Thymian, Wein und Brühe zugeben und zugedeckt 40 Minuten bei kleiner Hitze köcheln lassen. Mit Salz, Pfeffer und 1–2 Prisen Zucker würzen. Abkühlen und 6 Stunden durchziehen lassen. Dann durch ein mit einem Mulltuch ausgelegtes Sieb gießen und langsam durchtropfen lassen – das dauert ca. 1 Stunde. In ein Glas geben – als Sommererfrischung genießen.

Für 1 Teller Suppe

- 1 kleine Knoblauchzehe
- 50 ml Milch
- 2 Kugeln Mini-Mozzarella (50 g)
- 1 EL Olivenöl
- Salz, Pfeffer
- Basilikumblättchen

Während die Brühe durchzieht, Knoblauch schälen, halbieren und mit der Milch aufkochen, dann vom Herd nehmen. Mozzarella in kleine Stücke schneiden und in die heiße Milch geben. 5 Minuten ziehen lassen, dann Öl zugeben und mit dem Pürierstab fein mixen. Salzen, pfeffern und im Kühlschrank durchziehen lassen. Brühe in ein Glas geben. Mozzarellamilch nochmals schaumig aufmixen, daraufgeben, mit Basilikum dekorieren und sofort servieren.

BLOODY HELL SOUP

Schwach, blass und müde? Dann sollte es diese Brühe sein. Einige Sportler schwören auf Rote Bete für eine bessere Sauerstoffversorgung. Und wer weiß, vielleicht wird davon auch die Haut wieder rosig und frisch.

Für 1 Teller Brühe

300 ml Brox-Rinderknochen- oder Brox-Gemüsebrühe
1 Rote Bete (100 g)
3 Zweige Thymian
2 Pimentkörner
1 EL Weißweinessig
Salz, weißer Pfeffer
1 Msp. Honig

Zubereitung

Die Brühe langsam in einem Topf erhitzen, währenddessen die Rote Bete schälen und in feine Stifte (Julienne) hobeln. Wenn die Brühe kocht, die Hitze reduzieren und Rote Bete, Thymianzweige, Piment und Essig hineingeben. Zugedeckt bei kleiner Hitze 25 Minuten garen. Dann mit Salz, Pfeffer und Honig würzen. Die Brühe durch ein Sieb gießen und heiß trinken.

Für 1 Teller Suppe

1 EL saure Sahne
1 EL frisch geriebener Meerrettich (oder aus dem Glas)
Salz
1 EL gehackter Dill

Die im Sieb aufgefangenen Rote-Bete-Streifen in einen Teller geben, Thymian und Piment entfernen. Die saure Sahne mit dem Meerrettich verrühren und salzen. Heiße Brühe über die Rote Bete gießen, Meerrettichsahne daraufgeben und mit dem Dill bestreuen.

BELLY BALANCE BROTH

Magendrücken, Unwohlsein oder beim Essen am Vortag zu sehr zugeschlagen? Dann kommt diese Brühe gerade recht: Leicht, bekömmlich und mit den richtigen Gewürzen räumt sie den Magen auf.

Für 1 Teller Brühe

1 kleine Fenchelknolle (ca. 200 g)
½ EL Kümmel
½ EL Anis
300 ml Brox-Gemüsebrühe
3 Stängel Liebstöckel
1–2 Spritzer Zitronensaft

Zubereitung

Den Fenchel waschen, putzen und in kleine Streifen oder Stücke schneiden. Die Gewürze eventuell leicht im Mörser anquetschen, dann mit Fenchel und Brühe in einem Topf aufkochen und bei kleiner Hitze zugedeckt 20–25 Minuten köcheln lassen, dabei 10 Minuten vor Garzeitende den (gewaschenen) Liebstöckel dazugeben. Mit Zitronensaft abschmecken, durch ein Sieb gießen und bei Magendrücken langsam trinken.

Für 1 Teller Suppe

50 g Mehl
Salz
100 ml Milch
1 Ei
1 EL Schnittlauchröllchen

Mehl mit einer Prise Salz und Milch glatt mit dem Schneebesen verrühren, dann das Ei gründlich unterrühren. Den Teig 15 Minuten quellen lassen, dann Schnittlauch dazugeben. In einer beschichteten Pfanne wenig Öl erhitzen und darin nacheinander Pfannkuchen ausbacken. Die Pfannkuchen abkühlen lassen, aufrollen und die Rollen in Scheiben/Flädle schneiden. In die heiße Brühe geben.

FAIRYTALE ROOTS SOUP

Nicht nur im Märchen wissen Zwerge um die wunderbare Wirkung von Wurzeln und Knollen. In dieser Brühe sorgt jede Menge Wintergemüse für Geschmack und ein wohliges Gefühl im Bauch.

Für 1 Teller Brühe

100 g Knollensellerie
60 g Pastinake
50 g Petersilienwurzel
300 ml Brox-Gemüsebrühe
1 Spritzer Zitronensaft

Für 1 Teller Suppe

125 ml Milch
1 EL Butter
Salz
frisch geriebene Muskatnuss
50 g Hartweizengrieß
1 Ei

Zubereitung

Das Gemüse waschen, schälen, putzen (Bio-Ware muss nicht unbedingt geschält werden) und in kleine Würfel schneiden. Brühe aufkochen, Gemüse hineingeben und alles zugedeckt etwa 20 Minuten köcheln lassen. Mit Zitronensaft abschmecken. Nach Wunsch durch ein Sieb gießen und warm genießen.

Milch und Butter in einen Topf geben, mit Salz und Muskatnuss würzen. Aufkochen lassen, dann den Grieß unter ständigem Rühren einrieseln lassen und bei kleiner Hitze 5 Minuten quellen lassen. Vom Herd nehmen, kurz abkühlen lassen, dann das Ei gründlich unterrühren. Aus dieser Grießmasse mithilfe von zwei Teelöffeln kleine Nocken (etwa 12 Stück) formen. In einem Topf 1 l Wasser (oder Brühe) aufkochen, dann die Hitze reduzieren. Klößchen hineingeben und bei kleiner Hitze in 5 Minuten gar ziehen lassen. Einige Nockerl in die heiße Wurzelbrühe geben und servieren – restliche Nockerl abtropfen lassen und für die nächste Brühe einfrieren.

Variante

Als Krönung der Suppe 1 EL Sahne dazugeben und alles fein pürieren, mit Muskatnuss würzen. 1 EL gehackte Petersilie mit 2 EL Olivenöl fein pürieren und über die Suppe träufeln.

ROBIN HOOD BROTH

Für diese Brühe muss man weder auf die Pirsch gehen noch selbst Pilze im Wald suchen. Getrocknete Pilze, reichlich Gewürze und Orangenschale machen sie ganz einfach zum geschmacklichen Volltreffer.

Für 1 Teller Brühe

300 ml Brox-Rinderknochenbrühe
1 EL getrocknete Steinpilze
3 Wacholderbeeren
2 Nelken
1 Stück Orangenschale
2 Zweige Thymian
1 EL Sherry (nach Belieben)
Salz, Pfeffer

Zubereitung

Die Brühe mit den Pilzen in einen Topf geben und aufkochen lassen. Währenddessen die Wacholderbeeren im Mörser leicht anquetschen. Mit den Nelken, Orangenschale, Thymian und nach Wunsch Sherry in die Brühe geben und alles zugedeckt bei kleiner Hitze 25 Minuten köcheln lassen. Mit Salz und Pfeffer abschmecken und durch ein Sieb in eine Tasse gießen und heiß trinken.

Für 1 Teller Suppe

5 braune Champignons
2 EL Backerbsen
1 EL gehackte Petersilie

Die Champignons sauber abreiben und in feine Scheiben schneiden. Brühe erhitzen und die Champignons darin 2 Minuten bei kleiner Hitze ziehen lassen. Backerbsen und Petersilie unterrühren und die Suppe in einen Teller geben.

NACHHALTIGKEIT

Die Welt mit jedem Schluck ein bisschen besser machen

Knochenbrühen sind in jeder Kultur auf der Welt historisch tief verankert, weil unsere Vorfahren schon immer das gesamte Tier verwertet haben. Wir finden: Das sind wir dem Tier auch schuldig! Denn wenn ein Tier sein Leben lassen muss, dann sollten wir es auch ganzheitlich verwerten.

From Nose to Tail

Das gesamte Tier verwerten – von der Schnauze bis zum Schwanz: „Nose-to-Tail" heißt das Prinzip. Aber in der modernen Überflussgesellschaft wird ein Tier geschlachtet und in den meisten Fällen verwendet man nur das zarte Muskelfleisch. Die Knochen und die Innereien landen oft auf dem Müll. Zu Unrecht! Wenn das Tier artgerecht gehalten wurde, dann enthalten Innereien und Knochen eine Vielzahl wertvoller Nährstoffe. Knochen z.B. sind nach den Zähnen das zweithärteste Material im Körper. Tiere lagern sehr viele wichtige Nährstoffe in ihnen ein. Sie einfach wegzuschmeißen, ist viel, viel, viel zu schade. Deshalb kaufen wir den Rohstoff Knochen auf und kochen ihn 18 Stunden lang zu einer nährstoffreichen Brühe aus. Deine Oma würde uns auf jeden Fall dafür liken! #omasliebling

Brox Co-Founder Konrad bei der Knochenbrühe-Produktion

Nachhaltigkeit ist in unserem Fall, wenn wir die jährlich anfallenden Tonnen bester Bio-Knochen zu einer richtig guten Knochenbrühe auskochen.

HOT POT BROTH

In Asien schätzt man die wärmende Wirkung frisch gekochter Brühen. Ingwer und Gewürze heizen einem zusätzlich ein – die perfekte Kombi bei klirrender Kälte und laut Ayurveda auch gut fürs Immunsystem.

Für 1 Teller Brühe

300 ml Brox-Rinderknochen- oder Brox-Hühnerknochenbrühe
1 Stück frischer Ingwer
1 Knoblauchzehe
2 Gewürznelken
1 Sternanis
¼ EL schwarze Pfefferkörner
1 EL Sojasauce
Salz

Zubereitung

Die Brühe langsam in einem Topf erhitzen, währenddessen Ingwer und Knoblauch schälen und in Scheiben schneiden. Beides mit den Gewürzen in die kochende Brühe geben und alles bei kleiner Hitze 25 Minuten köcheln lassen. Mit Sojasauce und eventuell Salz würzen, durch ein Sieb gießen und warm schlürfen.

Für 1 Teller Suppe

4–5 getrocknete Mu-Err-Pilze
1 kleine Möhre
1 Frühlingszwiebel
1 Ei

Die Mu-Err-Pilze mit heißem Wasser übergießen und 30 Minuten quellen lassen. Dann abgießen und sauber abspülen. Möhre schälen und in feine Stifte/Streifen (Julienne) schneiden. Die aufgefangene Brühe in einem Topf erhitzen, Pilze und Möhre zugeben und 5 Minuten köcheln lassen. Die Frühlingszwiebel waschen, putzen und mit dem Grün in Ringe schneiden. Das Ei aufschlagen und verrühren. Die Suppe aufkochen und das Ei unter Rühren langsam hineingießen, sodass es sofort in Flocken stockt. Die Suppe in eine Schale geben und mit Frühlingszwiebeln bestreuen.

I FEEL DAMN LUCKY SOUP

Das Glück kann auch ganz einfach in einer Schale dampfender Suppe liegen – zumal wenn sie voller wärmender Gewürze steckt und mit einem Schlückchen Reiswein fein abgeschmeckt ist.

Für 1 Teller Brühe

300 ml Brox-Rinderknochenbrühe
1 kleine Knoblauchzehe
1 Sternanis
½ Zimtstange
¼ EL Szechuanpfeffer
2 Stücke Orangenschale
1 EL Reiswein oder Sherry (nach Belieben)

Zubereitung

Brühe aufkochen, inzwischen Knoblauch schälen und halbieren und mit den Gewürzen und Orangenschale in die Brühe geben. Alles bei kleiner Hitze 20 Minuten zugedeckt köcheln lassen, am Ende nach Wunsch mit Reiswein oder Sherry abschmecken. Durch ein Sieb gießen und schluckweise genießen.

Für 1 Teller Suppe

1 dicke Möhre
1 EL getrocknete Gojibeeren
4 EL gegarter Reis (auch vom Vortag)

Möhre schälen und in feine Stifte (Julienne) hobeln oder raspeln. Die Brühe aufkochen und die Möhre und die Gojibeeren darin bei kleiner Hitze 2–3 Minuten ziehen lassen. Dann den Reis zugeben und nur kurz warm werden lassen.

YIN-YANG-BROTH

Nach einem stressreichen Tag sorgt diese Brühe für wohltuenden Ausgleich. Schärfe, Süße und Säure halten sich darin die Balance und machen sie zu einem wirklich ausgewogenen Genuss.

Für 1 Teller Brühe

2–3 Schalotten (ca. 50 g)
2–3 EL Sonnenblumenöl
1 Stängel Zitronengras
1 Stück Ingwer
½ rote Chilischote
300 ml Brox-Rinderknochen- oder Brox-Hühnerknochenbrühe
3 EL Reisessig (oder Weißweinessig)
2–3 Prisen Rohrohrzucker
Salz

Zubereitung

Schalotten schälen und in dünne Ringe schneiden. Öl in einer kleinen Pfanne erhitzen, darin die Schalotten bei mittlerer Hitze langsam unter gelegentlichem Rühren dunkelbraun rösten. Inzwischen das Zitronengras waschen, halbieren und leicht anquetschen, den Ingwer schälen und in Scheiben schneiden, die Kerne aus der Chilischote kratzen. Alles mit der Brühe aufkochen. Schalotten und Essig in die Brühe geben und alles zugedeckt bei kleiner Hitze 30 Minuten köcheln lassen. Mit Zucker und eventuell Salz abschmecken, dann durch ein Sieb gießen und genießen.

Für 1 Teller Suppe

50 g dünne Reisnudeln
50 g Rinderfilet
3 Shiitakepilze
1 Frühlingszwiebel

Während die Brühe gart, die Reisnudeln nach Packungsangabe garen, in ein Sieb abgießen, kalt abbrausen und abtropfen lassen. Fleisch in ganz dünne Scheiben schneiden. Pilze abreiben, Stiele wegschneiden und die Kappen in schmale Streifen schneiden. Alles in eine Suppenschale geben und mit der kochend heißen Brühe übergießen. Die Frühlingszwiebel waschen, putzen, mit dem Grün schräg in Ringe schneiden und auf die Suppe streuen.

DOMO ARIGATO SOUP

Miso gilt in Japan als Garant für schöne, zarte Haut, und die belebende Wirkung einer Misobrühe im Sushilokal kennt sicher jeder. In der sanften Veggie-Variante lassen sich Vitamine und Mineralstoffe zusätzlich einfach täglich schlürfen.

Für 1 Teller Brühe

350 ml Brox-Gemüsebrühe
1 EL Instant-Wakame-Algenflocken
1 EL (Genmai-)Miso
1 EL Sojasauce (nach Belieben)

Zubereitung

Die Brühe aufkochen, dann die Hitze reduzieren, Wakame-Algen zugeben und 2 Minuten ziehen lassen. Brühe vom Herd nehmen und die Misopaste unterrühren, nach Belieben (und je nach Salzigkeit der Misopaste) mit etwas Sojasauce abschmecken.

Für 1 Teller Suppe

40 g tiefgekühlte Edamame (Sojabohnen, aus dem Asienladen)
40 g Seidentofu
3 Radieschen
1 Frühlingszwiebel

Hier braucht man alle Zutaten der Brühe, allerdings werden sie in anderer Reihenfolge verarbeitet: Zuerst nur die Gemüsebrühe in einem Topf aufkochen, tiefgefrorene Edamame zugeben und 10 Minuten bei mittlerer Hitze zugedeckt mitgaren. Inzwischen den Seidentofu in kleine Würfelchen schneiden. Radieschen und Frühlingszwiebel waschen, putzen und in dünne Scheiben bzw. feine Ringe schneiden. Wakame-Algen erst jetzt in die Brühe geben, Hitze reduzieren und 2 Minuten ziehen lassen. Brühe vom Herd nehmen, Misopaste unterrühren und Radieschen, Zwiebeln und Tofu unterrühren. Nach Wunsch mit Sojasauce abschmecken.

PHO SHIZZLE BROTH

Pho Bo, die vietnamesische Rindersuppe, hat inzwischen Kultstatus. In dieser abgespeckten Version erfrischt sie als feines Süppchen – wer will, kann aber ruhig auch einmal mehr hineinpacken.

Für 1 Teller Brühe

300 ml Brox-Rinderknochenbrühe
100 g weißer Rettich (Daikon)
1 Stück Ingwer
1 Zitronengras
¼ rote Chilischote
1 Sternanis
Salz oder 1 EL Fischsauce

Zubereitung

Die Brühe zum Kochen bringen. Währenddessen den Rettich in Scheiben schneiden. Den Ingwer schälen und in Scheiben schneiden. Das Zitronengras putzen, halbieren und leicht anquetschen. Alles mit der Drittel Chilischote und Sternanis in den Topf geben und 30 Minuten leicht köcheln lassen. Mit Salz oder Fischsauce würzen, durch ein Sieb gießen und heiß genießen.

Für 1 Teller Suppe

30 g breite Reisbandnudeln
60 g Rinderfilet
1 Frühlingszwiebel
½ rote Chilischote
1 Handvoll Sojabohnensprossen
2 EL Koriandergrün

Während die Brühe gart, die Nudeln nach Packungsanweisung garen, in ein Sieb abgießen und abtropfen lassen. Das Fleisch in ganz feine Scheibchen schneiden. Die Frühlingszwiebel waschen, putzen und mit dem Grün in feine Ringe schneiden. Die Chilischote entkernen und fein hacken. Sojasprossen in einem Sieb kalt abbrausen. Fleisch und Sprossen in eine Suppenschale geben und mit der kochend heißen Brühe übergießen. Die Nudeln einlegen und mit Frühlingszwiebel, Chili und gehacktem Koriander bestreuen.

ZINGY GINGER CHICKEN SOUP

Wenn es nach unseren Omas geht, hilft Hühnersuppe bei Grippe. In Asien schwören Großmütter auf Ingwer. Dieser wandert hier direkt mit in den Topf für einen superleckeren Stärkungstrank.

Für 1 Teller Brühe

250 ml Brox-Hühnerknochenbrühe
30 g frischer Ingwer
100 ml frisch gepresster Orangensaft
Saft von ½ Zitrone
1 EL Korianderkörner
Salz

Zubereitung

Hühnerknochenbrühe in einen Topf geben. Den Ingwer schälen und in Scheiben schneiden; mit dem Orangen- und Zitronensaft und den Korianderkörnern zur Brühe geben und alles langsam zum Kochen bringen. Hitze reduzieren und bei kleiner Hitze zugedeckt 30 Minuten köcheln lassen. Mit Salz abschmecken, durch ein Sieb gießen und genießen.

Für 1 Teller Suppe

1 Chilischote
2 Stängel Koriandergrün
80 g Hähnchenbrustfilet
2 dünne Scheiben Bio-Zitrone

Während die Brühe gart, die Chilischote waschen, Stiel wegschneiden und die Schote in dünne Scheiben schneiden. Das Koriandergrün waschen, trocken schütteln und die Blättchen abzupfen. Das Hähnchenfleisch quer in dünne Scheiben schneiden und in den letzten 10 Minuten in die Brühe geben und gar ziehen lassen. In eine Schale gießen und mit Chili und Koriander bestreuen. Die Zitronenscheiben dazugeben.

QUALITÄT

Lokal und regional

Wir arbeiten mit lokalen Bauern aus Deutschland zusammen und stehen für eine nachhaltige und ethisch korrekte Verarbeitung von tierischen Produkten. Unsere Knochen für unsere Knochenbrühen stammen ausschließlich von Bio-zertifizierten Tieren aus Deutschland!

Wild ist – wie der Name schon sagt – per Definition nicht gezüchtet. Wir arbeiten mit lokalen Jägern zusammen und unsere Wildknochen stammen aus Deutschland und Österreich.

100 % Made in Germany

Unsere Bio-Knochenbrühen werden nach höchsten Bio-Standards in Deutschland hergestellt. Wir haben alle Zutaten achtsam für dich ausgewählt: Durch nachhaltig hergestellte Rohstoffe erzielen wir die bestmögliche Produktqualität.

Bioland-zertifizierte Rinder bei unserem Besuch im Juli 2017

Wenn du bist, was du isst – dann bist du auch das, was das Tier gegessen hat! Uns ist daher sehr wichtig, dass unsere Knochen von Tieren stammen, die artgerecht gehalten wurden und sich natürlich ernähren konnten. Unsere Tiere verbringen den Großteil ihrer Zeit ganz natürlich im Freien. Das ist gut für das Tier, gut für die Umwelt und gut für dich als Konsument.

AN-THAI-KATER ELIXIR

Bei Katerstimmung und schlechter Laune ist diese würzige Brühe angesagt: leicht scharf, zitronig frisch und exotisch anregend.

Für 1 Teller Brühe

300 ml Brox-Hühnerknochen- oder Brox-Gemüsebrühe

10 g frischer Ingwer

1 Korianderwurzel

1 Stängel Zitronengras

½ rote Chilischote

3 Kaffirlimettenblätter (gefroren)

1 EL Fischsauce (oder Tamari)

Zubereitung

Brühe in einen Topf geben. Den Ingwer schälen und in Scheiben schneiden. Die Korianderwurzel gründlich waschen. Das Zitronengras putzen, in grobe Stücke schneiden und anquetschen. Alles mit der halben Chilischote und den Limettenblättern zur Brühe geben und langsam aufkochen lassen. Dann bei kleiner Hitze 25 Minuten zugedeckt köcheln lassen. Mit Fischsauce abschmecken, durch ein Sieb gießen und genießen.

Für 1 Teller Suppe

40 g dünne Reisnudeln

½ rote Chilischote

10 Blätter Thaibasilikum

2 EL gehacktes Koriandergrün

2 dünne Scheiben Bio-Limette

Während die Brühe köchelt, die Reisnudeln nach Packungsanweisung garen, in ein Sieb abgießen, kalt abbrausen und abtropfen lassen. Die halbe Chilischote entkernen und in feine Streifen schneiden. Das Basilikum zerzupfen. Nudeln in der Suppe erhitzen, Kräuter und Chilistreifen darüberstreuen und mit Limettenscheiben servieren.

COCONUT DREAMS BROTH

Hier macht's die (Kokos-)Milch – eine sahnige Brühe, in der die Schärfe von thailändischem Curry aufs Beste abgemildert ist. Anregend und lecker, da darf's ruhig mal ein Tässchen mehr sein.

Für 1 Teller Brühe

2 Schalotten

1 EL Sonnenblumenöl

¼ EL grüne Thai-Currypaste (oder ein bisschen mehr)

250 ml Brox-Rinderknochen- oder Brox-Hühnerknochenbrühe

100 ml Kokoswasser

1–2 EL Fischsauce

3 EL (Whipping-)Kokossahne (zum Aufschlagen)

Zubereitung

Schalotten schälen und in schmale Streifen schneiden. Öl in einem Topf erhitzen und die Schalotten darin anbraten, bis sie hell bräunen. Currypaste unterrühren, dann alles mit Brühe und Kokoswasser ablöschen und mit 1 EL Fischsauce würzen. Zugedeckt 15 Minuten bei mittlerer Hitze köcheln lassen. Mit Fischsauce abschmecken und die Brühe durch ein Sieb in eine Tasse gießen. Zum Schluss Kokossahne daraufgeben – wer will, schlägt sie vorher leicht auf.

Für 1 Teller Suppe

4 Baby-Maiskölbchen

10 Zuckerschoten

2 Frühlingszwiebeln

2 EL Kokossahne

Mais und Zuckerschoten waschen, die Kölbchen in schmale Scheiben, die Zuckerschoten schräg in schmale Streifen schneiden. Frühlingszwiebeln waschen, putzen und den weißen und grünen Teil getrennt in feine Ringe schneiden. Den weißen Teil mit dem Mais in die Brühe geben und 5 Minuten darin köcheln lassen, dann die Zuckerschoten zugeben und 2 Minuten mitgaren. Suppe in eine Schale gießen, 2 EL Kokossahne darüberträufeln und mit Zwiebelringen bestreuen.

LIQUID GOLD SOUP

Die herrliche Farbe tut dem Auge, Anis dem Geschmack und Fenchel dem Magen wohl. Und unbedingt einmal die Variante mit Hirse probieren – sie zählte schon vor fast 5.000 Jahren zu den 5 heiligen Getreidesorten der Chinesen.

Für 1 Teller Brühe

1 kleine Fenchelknolle (ca. 200 g)

1 Schalotte

2 EL Olivenöl

1 EL Tomatenmark

300 ml Brox-Hühnerknochen- oder Brox-Gemüsebrühe

2 Msp. Safranfäden

2 EL Anisaperitif (z. B. Pernod)

Salz

Zubereitung

Den Fenchel waschen, putzen und in kleine Würfel schneiden. Die Schalotte schälen und fein würfeln. Olivenöl in einem Topf erhitzen, darin Schalotte und Fenchel unter Rühren anbraten, bis sie leicht zu bräunen beginnen. Tomatenmark unterrühren und kurz mitrösten, dann mit Brühe ablöschen. Safran und nach Wunsch Anisaperitif zugeben. Zugedeckt bei kleiner Hitze 15–20 Minuten garen. Durch ein Sieb gießen und genießen.

Für 1 Teller Suppe

2 getrocknete Softaprikosen

5 EL gegarte Hirse

2 EL gehackte Petersilie

Die Aprikosen in feine Streifen schneiden und mit der Hirse in einen Suppenteller oder -schüssel geben. Die heiße Brühe darübergießen (eventuell mit ein paar Fenchelstückchen) und mit Petersilie oder gehacktem Fenchelgrün bestreuen.

GET BETTER SOON BROTH

Mit reichlicher Ingwerschärfe, Kurkuma und Pfeffer unterstützt diese Suppe an kalten Tagen den Verdauungstrakt und das Immunsystem. Gute Nachrichten also für alle, die dem Schnupfen ein Schnippchen schlagen wollen.

Für 1 Teller Brühe

250 ml Brox-Hühnerknochen- oder Brox-Gemüsebrühe
1 Stück frische Kurkuma (ca. 8 g)
1 Stück frischer Ingwer
¼ EL weiße Pfefferkörner
Salz

Zubereitung

Die Brühe in einen Topf geben und zum Kochen bringen. Inzwischen Kurkuma und Ingwer schälen und in Scheiben schneiden. Beides mit den Pfefferkörnern in die Brühe geben und bei kleiner Hitze 20 Minuten köcheln lassen. Mit Salz abschmecken, durch ein Sieb gießen und schluckweise heiß trinken.

Für 1 Teller Suppe

1 EL Mandelblättchen
50 ml Mandelmilch
1 EL Zitronensaft
2 EL gehackte Korianderblätter

Während die Brühe gart, die Mandelblättchen in einer Pfanne ohne Fett goldbraun rösten und abkühlen lassen. Mandelmilch gegen Garzeitende zur Brühe geben und heiß werden lassen. Die Brühe mit Zitronensaft abschmecken und durch ein Sieb abgießen. In einen Teller geben und mit Koriandergrün und den Mandelblättchen bestreuen.

Variante

Wer es noch besonderer mag, peppt die Suppe mit Kräuteröl auf: ½ Knoblauchzehe schälen und grob hacken und mit je 1 EL Koriandergrün und Petersilie sowie 2 EL Olivenöl, ½ TL gemahlenem Kreuzkümmel und 2 Msp. Chiliflocken fein pürieren. 1 EL Joghurt in die Suppe rühren und mit dem Kräuteröl beträufeln.

THE NAMASTE BROTH

In Südindien liebt man ein paar Schlucke Brühe dieser Art als anregende Vorspeise: Reich an Gewürzen sorgen sie für ordentlichen Appetit, helfen, schneller satt zu werden und können die Verdauung anregen – ein Geheimtipp für Figurbewusste.

Für 1 Teller Brühe

1 große Tomate
1 Knoblauchzehe
¾ EL schwarze Pfefferkörner
1 EL Kokosöl
1 EL Panch Phoron (indische Gewürzmischung)
1 EL rote Linsen
½ EL brauner Zucker
2 Msp. Kurkumapulver
300 ml Brox-Gemüsebrühe
2–3 EL Limettensaft

Zubereitung

Tomate waschen und klein würfeln, dabei den Stielansatz entfernen und den Saft auffangen. Knoblauch schälen und fein hacken. Pfefferkörner im Mörser grob zerstoßen und mit Kokosöl, Panch Phoron und Linsen in einen Topf geben. Erhitzen, bis die Gewürze leicht knistern und duften. Zucker, Kurkuma und Tomaten samt Saft zugeben, kurz durchrühren und mit Brühe aufgießen. 2 EL Limettensaft zugeben und zugedeckt bei kleiner Hitze 20–25 Minuten garen. Mit Limettensaft abschmecken und durch ein Sieb in ein Glas gießen – warm oder lauwarm trinken.

Für 1 Teller Suppe

1 EL Kokosraspel
1 EL gehacktes Koriandergrün
1 EL Joghurt

Brühe nicht durch ein Sieb gießen, sondern alles mit dem Pürierstab nicht zu fein pürieren. Kokosraspel und Koriander mischen. Die Suppe in einen Teller gießen, Joghurt daraufgeben und mit den Koriander-Kokosraspeln bestreuen.

VIVE LE BROTH!

Oh, là, là, so schmeckt gesunde Brühe auf französische Art. Zwiebel bringt nicht nur reichlich Aroma, sondern enthält auch viele Antioxidantien, die das Immunsystem unterstützen. Da können sich die Erkältungserreger warm anziehen. Also: Bon appétit!

Für 1 Teller Brühe

1 große Zwiebel
1 Knoblauchzehe
2 Zweige Thymian
1 ½ EL Olivenöl
50 ml Weißwein (oder Brühe + 2 EL Zitronensaft)
350 ml Brox-Rinderknochenbrühe

Zubereitung

Zwiebel schälen und in feine Ringe schneiden, Knoblauch schälen und fein hacken. Thymian waschen, Blättchen abzupfen. Öl in einem Topf erhitzen, darin die Zwiebel und den Knoblauch bei mittlerer Hitze in 12–15 Minuten weich dünsten, ohne dass sie bräunen; am Ende Thymian unterrühren. Mit Wein ablöschen und den Wein verkochen lassen, dann die Brühe zugeben und 15 Minuten zugedeckt köcheln lassen. Durch ein Sieb gießen und heiß trinken.

Für 1 Teller Suppe

2 dünne Scheiben Baguette
2 EL frisch geriebener Gruyère
2 EL Olivenöl
1 Knoblauchzehe

Die Zwiebeln im Sieb abtropfen lassen. Den Backofen auf 220 °C vorheizen. Die Baguettescheiben im heißen Ofen 3–4 Minuten leicht knusprig rösten. Währenddessen 2 EL abgetropfte Zwiebeln mit Käse und Olivenöl mischen. Den Knoblauch halbieren und die Brotscheiben damit einreiben, dann die Zwiebelmischung daraufgeben. Im heißen Ofen nochmals in 6–8 Minuten backen, bis der Käse schön gebräunt ist. Die Brühe auf Teller verteilen und die Baguettes hineinsetzen.

#OMASLIEBLING

Deine Oma folgt uns schon!

Und worauf wartest du? Folge uns auf Facebook und Instagram und lass dich inspirieren. Erhalte exklusive Einblicke hinter die Kulissen von Bone Brox, nimm an tollen Gewinnspielen teil und werde Teil der Brox Community. Und wenn du selbst ein tolles Gericht zauberst, dann tagge uns mit @bonebrox – wir sind gespannt auf deine Kreationen!

Wie ein Brief von Oma

In unserem Newsletter erhältst du jeden Sonntag spannende und unterhaltsame Inhalte rund um die Themen Nachhaltigkeit, Kollagene, Lifestyle und Langlebigkeit.

Melde dich jetzt für unseren Newsletter an und erhalte 2 tolle Ebooks (Brox-Soupguide & Brox-Kollagen-Kurguide). Und zusätzlich bekommst du noch einen exklusiven 10 %-Gutschein auf deine erste Bestellung bei uns!

JETZT ANMELDEN AUF WWW.BONEBROX.COM

Omas Tipp:

Für eine kleine Zwischenmahlzeit eine heiße Tasse Brox Brühe mit ¼ TL gutem Fett (z.B. Weidebutter, Kokosöl, Brox Rindertalg, etc.) zusammen mit ¼ TL frischen Ingwer, oder getrocknete Tomate, oder Shiitake Pilz im Mixer kurz aufmixen und genießen!

Danke an alle badass Omas da draußen – ihr seid die Besten!

Omas Geheimtipp:

Brox Brühen lassen sich auch super in einen Smoothie einmixen. Leckere und herzhafte Smoothie Rezepte findest du in unserem Online-Magazin auf www.bonebrox.com.

Über die Autorin

Tanja Dusy ist #omasliebling und fühlt sich am wohlsten, wenn es in der Küche richtig rundgeht. Viele Jahre lang arbeitete sie als Kochbuch-Redakteurin und konnte sich auch als Autorin einen Namen machen. Als Küchenprofi entwickelt Tanja Dusy Rezepte, die nicht nur verlässlich gelingen, sondern auch immer das gewisse Etwas haben. So z. B. auch Rezepte für leichte und gesunde Brühen, die sich ganz einfach in herrliche Suppen verwandeln lassen.

„Unsere Idee zu Brox entstand aus zwei Gedanken: Zum einen sind wir der Meinung, dass Tiere ganzheitlich verwertet werden sollten – Knochen sind kein Abfallprodukt und es stecken hochwertige Nährstoffe in ihnen! Zum anderen sind wir überzeugt, dass Oma schon immer wusste, was gut für einen ist", so Brox-Gründer Konrad Kaspar Knops und Jin-Woo Bae.

Konrad Kaspar Knops (l.), Jin-Woo Bae (r.)
© Bone Brox

KONRAD KASPAR KNOPS

Konrad Kaspar Knops (Jahrgang 1986) ist staatlich anerkannter Physiotherapeut und Osteopath, und hat vor Bone Brox erfolgreich eine Praxis für integrative Medizin in Berlin-Charlottenburg betrieben. Hier kombinierten er und sein Team verschiedene Therapiemethoden wie Osteopathie, Traditionelle Chinesische Medizin und Ernährungstherapie. Bereits seit 15 Jahren beschäftigt sich Konrad mit dem Thema Langlebigkeit und recherchierte hierfür bereits in Südamerika, Indien, China und Tibet.

JIN-WOO BAE

Jin-Woo Bae (Jahrgang 1981) ist Ernährungs- und Fitness-Experte. Besonders gern praktiziert er die Kampfsportarten Luta Livre, Wing Tsun, Escrima und das Fitnessprogramm CrossFit. Nach dem Studium beschäftigte er sich in Kanada mit ökologischer Landwirtschaft und engagierte sich in sozialen Projekten.